A 1	B 2	C 3	D 4	E 5
F 6	G 7	H 8	I 9	J 10
K 11	L 12	M 13	N 14	O 15
P 16	Q 17	R 18	S 19	T 20
U 21	V 22	W 23	X 24	Y 25
Z 26	Ä 27	Ö 28	Ü 29	

Jule Ambach, 1987 geboren, war zunächst Kinderbuch-Lektorin, bevor sie begann, sich selbst Geschichten auszudenken. Sie liebt Kaffee mit Zimt, laute Musik beim Schreiben und Reisen nach Schweden.

Sandy Thißen kam 1983 als Ruhrpottkind zur Welt. Beim Zeichnen trinkt sie gern literweise Tee, hört Musik und singt dabei sehr schief. Mit ihrer Familie wohnt sie am Stadtrand von Oberhausen.

So sehen die Zahlen von 1 bis 10 als Wörter aus.

1 eins	2 zwei
3 drei	4 vier
5 fünf	6 sechs
7 sieben	8 acht
9 neun	10 zehn

Jule Ambach

Die Mathe-Matierchen

Ach du grünes Kaneunchen!

Verlag Friedrich Oetinger · Hamburg

Hallo du!

In diesem mathe-magischen Buch darfst du lesen, malen, rechnen und rätseln!

Die Ergebnisse kannst du in diese Lücken schreiben:

Einige Lücken sehen auch so aus:

Sammle diese Zahlen und löse damit das Rechen-Rätsel ganz am Schluss.

Auf jeder Seite kannst du ein Stück vom mathe-magischen Lineal anmalen. So weißt du immer, wie weit du schon bist.

Wie fandest du die Aufgaben:
leicht, schwer oder mittel?
Male dem Kaneunchen
in jedem Kapitel ein Gesicht.

Los geht's:

PLUS, MINUS, GROSSE PAUSE!

Inhalt

Die Mathematierchen helfen
Kindern beim Rechnen.
Erwachsene können sie nicht sehen.
Die Mathematierchen wohnen
im mathe-magischen Nebel.
Hier sind sie unsichtbar.
Immer wenn ein Kind ihre Hilfe braucht,
tauchen sie auf.

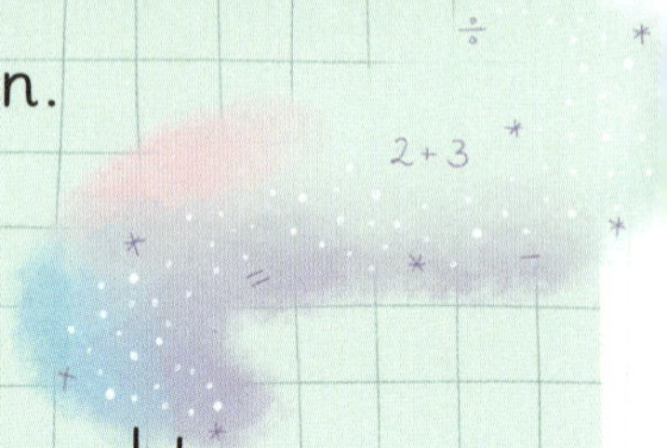

Das Meerdreinchen

- liebt die Zahl 3 über alles
- braucht von allen Dingen 3 Stück

Die Minusmuschel

- nimmt immer etwas weg
- ist oft schlecht gelaunt

Das Pluspferd

- hat viele Plus-Pünktchen auf der Haut
- macht gerne Witze

2 Die Wildzweine

- gibt es nur im Doppel-Pack
- sind ziemlich wild

Das Kaneunchen

- hat auf alles eine Antwort
- findet, die 9 ist die allerbeste Zahl

9

8 Die Achtigall

- fliegt am liebsten eine 8
- hat immer den Überblick

Das Malross

- spielt gern Ukulele
- hat große Sehnsucht nach dem Meer

Der Teilmatiner

- teilt für sein Leben gern
- ist abenteuerlustig und neugierig

1. Alle machen mit

Jasin ist spät dran.
Er hat heute Morgen
ein bisschen getrödelt.

Jasin geht immer den gleichen Weg.
An der Bäckerei vorbei, am Spielplatz
und dann an einem leeren Grundstück.

Jasin murmelt eine
Zahlenreihe vor sich hin.
Trage die fehlenden
Zahlen ein.

Es ist nicht ganz leer,
aber dort liegt viel Müll.
Und Pflanzen wachsen dort,
nur sieht es nicht besonders schön aus.

Als Jasin die Schule erreicht,
läutet schon die Schulglocke.
Jetzt aber schnell!
Jasin will sich beeilen,
aber bleibt noch mal stehen.

Los geht's!
Male das erste Stück
vom Lineal aus!

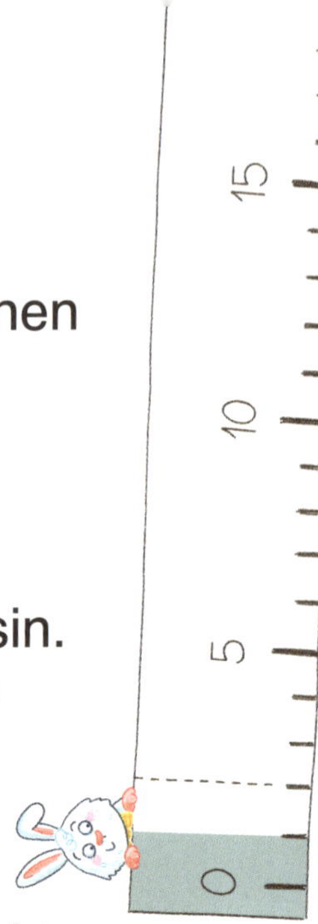

Endlich ist die erste Stunde um!
Jetzt kann Jasin seinen Freundinnen von dem Plakat erzählen.

„Wir können uns zusammen ein Projekt überlegen“, erklärt Jasin.
„Es soll gut für die Umwelt sein!“
„Am Wochenende war ich auf einem Flohmarkt“, erzählt Lotte.
„Wir können selbst einen Flohmarkt machen! Oder wir pflanzen Gemüse auf dem Schulhof.“
Alle haben richtig viele Ideen.
Kara schreibt mit.

„Also ich fände eine Wiese voller Blumen
3 Mal besser als Müll sammeln."
Das ist das Meerdreinchen.
„Oder einen Teich", brummt das Pluspferd.
„Pluspferde, Libellen und Frösche lieben
Wasser."
„Ich bin auch für einen Teich",
tönt das Malross.

Das sind ___ Ideen.
„Wir können abstimmen",
schlägt das Kaneunchen vor.
„Die Idee mit den meisten Stimmen wird
unser Projekt!"
Die Mathematierchen wollen natürlich
auch mitmachen.

Kara macht eine Strichliste.
Es steht unentschieden.

„Also ich will den Flohmarkt machen“, erklärt Lotte.

Feli nickt. „Das finde ich auch am besten.“

„Aber Müll sammeln ist doch auch wichtig!“, ruft Kara.

Das Malross fragt: „Und was ist denn mit dem Teich?“

Jetzt reden alle durcheinander.

„Wir brauchen eine Idee, die alle gut finden!“, ruft das Kaneunchen.

<table>
<tr><td>10</td><td>20</td><td>3</td><td>9</td><td>16</td><td>20</td><td>23</td><td>17</td><td>19</td></tr>
<tr><td>6</td><td>23</td><td>22</td><td>13</td><td>14</td><td>17</td><td>4</td><td>13</td><td>7</td></tr>
<tr><td>4</td><td>7</td><td>12</td><td colspan="3" rowspan="2">30</td><td>27</td><td>8</td><td>24</td></tr>
<tr><td>11</td><td>26</td><td>4</td><td>15</td><td>19</td><td>11</td></tr>
<tr><td>22</td><td>1</td><td>17</td><td>3</td><td>9</td><td>14</td><td>15</td><td>5</td><td>7</td></tr>
<tr><td>2</td><td>28</td><td>19</td><td>12</td><td>21</td><td>19</td><td>1</td><td>8</td><td>22</td></tr>
</table>

Findest du immer 2 Zahlen nebeneinander oder untereinander, die zusammen 30 ergeben?

Jasin überlegt.
Vielleicht gibt es etwas, das Blumen und Müllaufsammeln verbindet?
Und vielleicht auch einen Teich?

„Ich hab’s!“, ruft Jasin.
„Wir legen einen Garten an.
Einen Garten in der Stadt.“

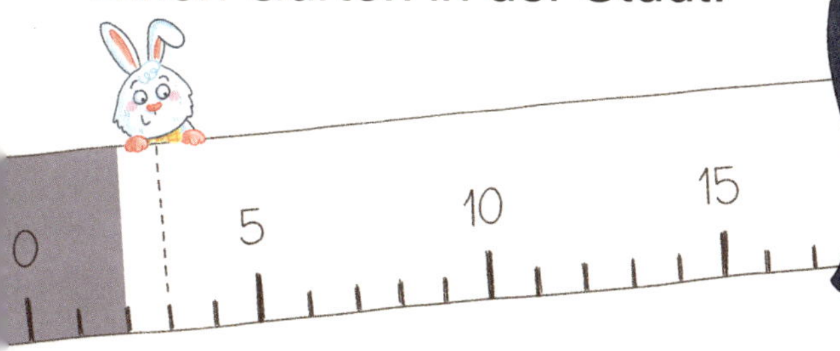

Den Garten kann sich Jasin
schon richtig vorstellen!
Viele bunte Blumen
sollen dort wachsen.

Wie viele unterschiedliche Blumen
sind es?

Du brauchst Buntstifte in diesen Farben:
dunkelgrün, hellgrün, rot, lila, orange, braun.

Der Blumentopf ist braun.
Die Blätter sind dunkelgrün oder hellgrün.
Die Blumen sind lila, orange oder rot.
Male aus.

Es sind unterschiedliche Blumen!

Du machst das mathe-magisch

Wie waren die Aufgaben
in diesem Kapitel für dich?
Male dem Kaneunchen
ein Gesicht.

2. Eine kaneunchenstarke Idee

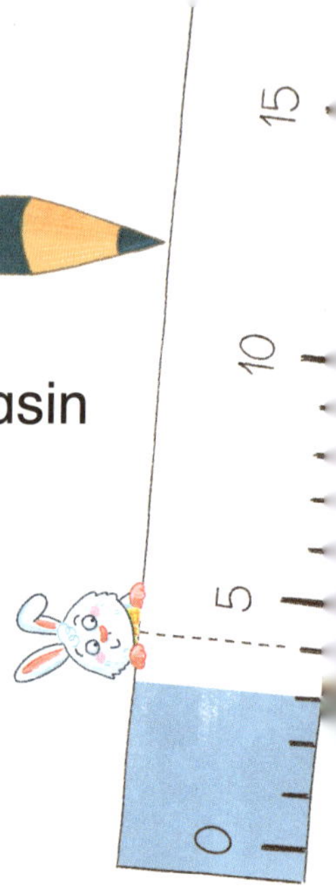

Vor der Mathe-Stunde erzählen Jasin und die anderen Herrn Zahlbers von ihrer Idee.
„Ein Garten ist prima!“, findet er. „Aber auch wenn dort alles verfallen ist, gehört dieser Platz vielleicht jemandem.“

„Wie finden wir das heraus?“, fragt Lotte. „Beim Rathaus weiß bestimmt wer Bescheid“, glaubt Herr Zahlbers. „Wir schreiben einen Brief und fragen nach!“, ruft Jasin.

Rechne mit!

An das Rathaus
Frau _ _ _ _ _ _ _
(28 : 4. Schreib die Zahl aus)
Rathausplatz __ (3 · 3)

Nach der Schule wollen Jasin und Kara eine Briefmarke am Kiosk kaufen.

Zähle Jasins Geld.

Die Briefmarke kostet ☐ Cent.
Jasin hat Geld dabei.
Es sind ☐ Euro und ☐ Cent.
Jasin bezahlt und hat ☐ Euro und ☐ Cent übrig.

„Da drüben ist ein Briefkasten“, sagt Kara.
Der Briefkasten wird um ☐ Uhr geleert.

Jasin guckt jeden Tag nach,
ob ein Brief für ihn im Briefkasten ist.
Manchmal auch mehrmals am Tag.
Dann kommt endlich die Antwort:

Liebe Lotte, Kara und Feli,
lieber Jasin,
vielen Dank für euren Brief
und eure schöne Idee!
Ihr dürft euer Garten-
Projekt gerne auf dem
leer stehenden
Grundstück starten!

Jasin sagt den anderen Bescheid:
Sie müssen sich sofort an dem
Grundstück treffen!

„Hier ist ganz schön viel zu tun“, meint Lotte. „Wir machen einen Plan, dann geht das schon“, sagt Jasin. Aber er findet, Lotte hat recht.
„Wir helfen euch!“, ruft das Kaneunchen.
„Das wird lustig“, stimmt das Pluspferd zu.

„In 2 Wochen sind Ferien. Davor wollen wir fertig sein“, erklärt Jasin.
Die Minusmuschel schnauft. „Das sind ja nur □ Tage!“
„Wir schaffen das!“, ist sich das Kaneunchen sicher.

Das Meerdreinchen hat
3 große Käfer entdeckt.
Löse die Aufgaben.
Welcher Käfer gefällt ihm am besten?

Fülle die leeren Kästchen aus.
3 Zahlen in einer Reihe
ergeben immer die rechts
und unten stehenden Zahlen.

Am nächsten Tag soll es losgehen.
Jasin hat Pflanzen aus dem Garten
mitgebracht.
Kara hat Gemüsesamen bekommen
und eine Harke dabei.

Aber erst mal muss aufgeräumt werden.
Es liegt ganz schön viel Müll herum.
Feli findet ☐ Getränkedosen,
Papier und Plastikbeutel.

Doch Lotte findet auch etwas Gutes:
Bretter aus Holz.
„Daraus können wir ein Hochbeet bauen“,
schlägt sie vor.
„Es sind 12 Bretter.
Das Beet hat 4 Seiten.
Also können wir für jede Seite
☐ Bretter verwenden!“

Das finden alle gut!

Natürlich gibt es auch eine Pause.
Jasin hat 8 Muffins mitgebracht.
Jeder bekommt ☐ Stück.

Danach pflanzt Jasin die Pflanzen ein.
Aber wie ein richtiger Garten
sieht es immer noch nicht aus.

Fülle die Lücken in der Blume.

„Wir brauchen mehr Pflanzen“,
überlegt Jasin.
„Vielleicht schenkt uns jemand welche“,
meint Feli.

„Oder wir müssen welche kaufen.“
„Aber wir brauchen auch Erde und noch mehr Samen“, überlegt Kara.

Lotte hat eine Idee: „Wir könnten unser Taschengeld zusammenlegen.“

„Das finde ich blöd!“, sagt Feli.
„Vielleicht bekommen wir die Sachen auch so zusammen.“
Kara nickt. „Das ist auch gut für die Umwelt, wenn wir nicht viel Neues kaufen.“

„Aber ihr könnt Altes verkaufen. Macht doch einen Flohmarkt!“, schlägt das Kaneunchen vor.

Lotte freut sich:
„Ich habe doch gleich gesagt, das ist eine gute Idee für unser Projekt!“

Jasin sucht in seinem Zimmer
nach Sachen für den Flohmarkt.
Das Kaneunchen hat in einer Kiste
9 Wachsmal-Stifte gefunden.
„Die möchte ich behalten!“,
ruft Jasin schnell.

„Und was ist damit?“, fragt
das Kaneunchen.

Es zeigt auf ein paar Holz-Tiere.
„Das sind doch 3!“, ruft das Meerdreinchen.
„Die müssen bleiben.“
„Aber wir brauchen auch
Sachen für den Flohmarkt“,
erklärt Jasin.

Hilfst du Jasin und den Mathematierchen? Zähle die Gegenstände.
Die Anzahl kannst du in die Lücken schreiben.

Wie waren die Aufgaben in diesem Kapitel für dich?
Male dem Kaneunchen ein Gesicht.

3. Der Flohmarkt

Jasin erzählt in der Klasse vom Flohmarkt.
Alle wollen mitmachen!
Jasin, Kara, Feli und Lotte suchen
in der Pause die Hausmeisterin.

Hilf den Kindern bei der Suche nach Frau Mai. Folge der 8er-Reihe.

1 · 8 = ☐
2 · 8 = ☐
3 · 8 = ☐
4 · 8 = ☐
5 · 8 = ☐
6 · 8 = ☐
7 · 8 = ☐
8 · 8 = ☐
9 · 8 = ☐
10 · 8 = ☐

Frau Mai findet die
Flohmarkt-Idee super.
Sie verspricht,
Plakate in der Schule aufzuhängen.

Kara und Feli wollen die Plakate malen.
Alle sollen von dem Flohmarkt erfahren.

F___(2·6)___(7+8)H___(42−12−17)A___(22−4)KT

Am nächsten SA___(27−14)S___(4·5)AG
auf dem Schulhof.

Beginn ist um ___ Uhr.

Es gibt auch K___(7·3)CH___(12−7)N
und SA___(30:5)___(4+16).

Du möchtest auch mitmachen? Anmeldung bei Kara und Jasin.

Fülle die Lücken auf dem Plakat aus.
Es fehlen Buchstaben und Zahlen.
Die Buchstaben findest du mit Hilfe
der Tabelle ganz vorne im Buch heraus.

Kara fragt: „Ratet mal.
Wie viele Teilnehmende haben
sich angemeldet?“
„9!“, ruft das Kaneunchen.
„Viel mehr!“, rufen das Pluspferd
und das Malross.

„Es sind viel mehr!“, erklärt Kara stolz.
Sie hat alle Anmeldungen
auf einen Zettel geschrieben.
„ □ Leute wollen mitmachen!“

Wie viele Leute machen beim Flohmarkt mit? Rechne zum Schluss die Zahlen aus der rechten Spalte zusammen.

Der Flohmarkt soll auf dem Schulhof stattfinden. Frau Mai möchte wissen, wie viele Tische gebraucht werden. Darum zeichnet Jasin einen Plan.

☐ Tische werden gebraucht.

Trage noch die Nachbarzahlen ein.

Hilfst du Jasin?

Am Samstag treffen sich Jasin, Kara,
Lotte und Feli schon ganz früh.
Sie bauen ihre Sachen auf.
Feli hat viele Bücher dabei,
☐ Stück!

„Das habe ich ganz vergessen!“,
ruft Jasin.
Er hat einen Kuchen mitgebracht.
Den bringt er schnell zum Schulkiosk.
In ☐ Minuten beginnt schon der
Flohmarkt!

Jasin muss den Kuchen noch schneiden.
Es sollen 8 gleich große Stücke werden.

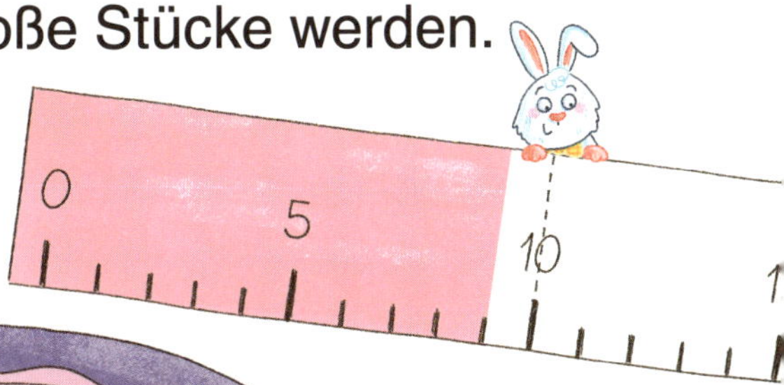

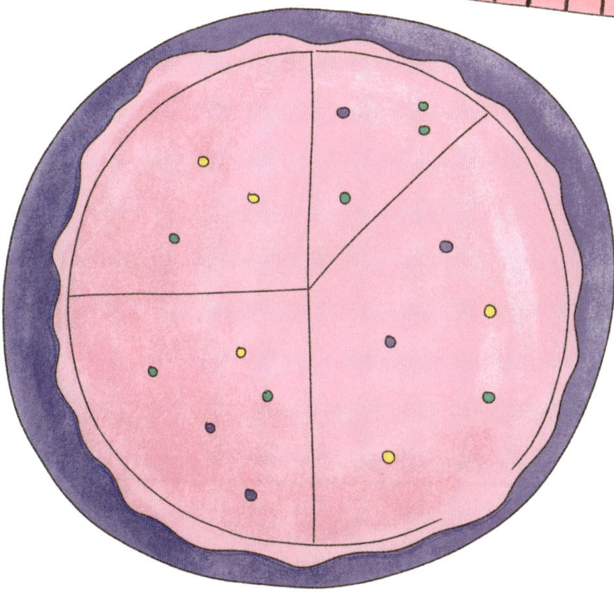

„Warum nicht 9?“, fragt das Kaneunchen.
„9 ist immer besser.“

Hilfst du Jasin?
Zeichne die 8 Kuchenstücke ein.
Wie viele Striche brauchst du?
☐ Striche

Feli hat schon fast alle Bücher verkauft.
Nur noch 3 sind übrig.
Sie hat schon ☐ Euro
eingenommen!

„Die 3 kannst du doch behalten“,
findet das Meerdreinchen.

Das Pluspferd und das Malross
spielen mit Jasins Bauklötzen.
„Wer baut den höchsten Turm?“,
ruft das Pluspferd.

Rechne die Zahlen zusammen.

Lotte will ein Spiel verkaufen.
Aber sie weiß nicht,
ob noch alle 22 Spielfiguren darin sind.
Das Kaneunchen hilft ihr.

Ist Lottes Spiel vollständig?
Kreuze an: ja ☐ nein ☐

Jasin verkauft einen Dino.
An Feli! Denn Feli liebt Dinos.

Jasin möchte 4 Euro haben.
„Geht auch 1 Euro weniger?“, fragt Feli.
Mit ☐ Euro ist Jasin auch einverstanden.
Feli gibt Jasin 10 Euro.
Sie bekommt ☐ Euro zurück.

Die Wildzweine haben 2 Würfel gefunden.
Sie haben sich ein Spiel ausgedacht!

Du brauchst:
2 Würfel
pro Person 1 Buntstift (alle brauchen unterschiedliche Farben)

Du kannst das Spiel mit 2–4 Personen spielen.

So geht's:
Würfle mit beiden Würfeln.
Rechne die Würfel-Punkte zusammen.
Male so viele Felder aus, wie deine beiden Würfel anzeigen.

Dann ist die nächste Person an der Reihe.
Wer am Ende die meisten Felder ausmalen konnte, hat gewonnen.

Ein Tipp:
Bevor du zum ersten Mal spielst, kannst du das Spielfeld kopieren. Vor jedem neuen Spiel machst du eine neue Kopie.

Wie waren die Aufgaben in diesem Kapitel für dich? Male dem Kaneunchen ein Gesicht.

4. Ach du grünes Kaneunchen!

„Der Flohmarkt war richtig schön!“,
findet Feli.
Die 4 haben fast alles verkauft.
Doch nicht nur das:
Frau Mai hat vielen Leuten
von ihrem Garten-Projekt erzählt.

Alle freuen sich,
dass der leere Platz schöner werden soll.
Darum haben Jasin und die anderen
Geschenke bekommen.

Auch einen Gutschein von einer Gärtnerei.
Den wollen die Kinder jetzt einlösen.
Was sie sonst noch brauchen,
kaufen sie von ihrem Flohmarkt-Geld.

Jasin mag die lila Blumen,
Lotte die gelben.
Feli hätte gerne auch eine blaue.
Kara wünscht sich auch eine
der blauen Blumen.

Jetzt müssen sie gut überlegen:
Der Gutschein reicht für 5 blaue Blumen,
☐ lila Blumen und ☐ gelbe Blumen.
„Das wird richtig schön!“,
ist sich Kara sicher.

Lotte baut das Hochbeet.
Feli hilft.
Da soll der Salat hinein.
„Damit den die Schnecken nicht fressen“,
weiß Lotte.

In jedes Viereck werden 3 Salatsamen gesät. Zeichne die Samen ein. Wie viele Salate wachsen später im Hochbeet?

☐ Salate.

Jasin und Kara pflanzen
die neuen Blumen in Beete.
Das lockt sofort ein paar
Schmetterlinge an.

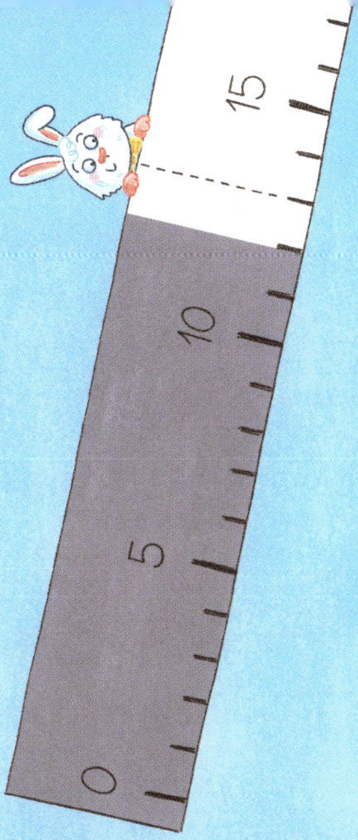

Trage die Ergebnisse
im leeren Flügel der
Schmetterlinge ein.

Auch die Mathematierchen
haben ein eigenes Beet.
Sie haben sich Blumen
und Samen ausgesucht.

„Wir brauchen 3 gelbe Blumen hier!“,
meint das Meerdreinchen.
„Aber hier sollen 9 Möhren hin!“,
sagt das Kaneunchen.

„Und was ist mit dem Teich?“,
fragt das Pluspferd.
„Wir brauchen ein Matschloch!“,
rufen die Wildzweine.

Trage ein: Die 3 Zahlen in den weißen Punkten sollen zusammen 9 ergeben. Die Zahlen in einem Fliegenpilzhut müssen unterschiedlich sein.

„So geht das nicht!“,
schimpft das Kaneunchen.
„Warum nicht?“, fragt der Teilmatiner.
„Wir können das Beet aufteilen.
Dann bekommt jeder von uns
ein eigenes Beet.“

„Wir wollen aber ein Beet zusammen!“,
rufen die Wildzweine.

Es sind ☐ Mathematierchen.
Die Wildzweine zählen als
ein Mathematierchen. Teile das Beet
mit einem Lineal und einem Bleistift
in gleich große Vierecke auf.

Die Wildzweine gießen Wasser in ihr Beet.
Für das Matschloch.
Alles läuft zum Kaneunchen hinüber.
„He, passt doch auf“, ruft das Kaneunchen.
Seine Möhren-Samen schwimmen davon!

Der Teilmatiner gräbt ein Loch.
„Größer!“, brummt das Malross.
Es wünscht sich einen richtig großen Teich.
„Das gibt eine Überschwemmung!“,
warnt das Kaneunchen.

Trage die fehlenden Zahlen im Tausendfüßler ein.

„Warum pflanzt du denn nicht 9 Blumen?“,
fragt es das Meerdreinchen.
„3 sind doch gut“,
antwortet das Meerdreinchen.
„Aber 3 mal ☐ sind 9“,
meint das Kaneunchen.
„Also sind 9 besser als 3!“

Davon will das Meerdreinchen
nichts hören.
Auch die anderen Mathematierchen
wollen keine Tipps.

Das findet das Kaneunchen blöd.
Die 9 ist nun mal die allerbeste Zahl!

Das will das Kaneunchen
den anderen beweisen.
Zu den anderen Mathematierchen sagt es:
„Kara und Jasin brauchen Hilfe!“

Die Mathematierchen gehen sofort
hinüber.
„Jetzt mache ich alles schön
und ordentlich“,
denkt das Kaneunchen zufrieden.
Es beginnt zu graben.

Aber brauchen das Malross und
das Pluspferd 9 Teiche?

Vielleicht nicht.
Das Kaneunchen pflanzt lieber
erst mal gelbe Blumen.
Dann hat das Meerdreinchen 9.
Aber jetzt fehlen Blumen in Jasins Beet.

Dort steckt das Kaneunchen
Samen in die Erde.
9 Möhren und 9 Salate.
Die sieht man erst später,
aber das ist nicht schlimm.

Im Beet der Achtigall zupft
das Kaneunchen einige
Himbeeren von
ihrem Strauch.

Jetzt hängen da nur noch ☐.
Viel besser, findet das Kaneunchen!

Der Garten ist fast fertig!
Jasin, Kara, Feli und Lotte
wollen ein Fest feiern.
Dafür basteln sie Einladungskarten.
Hilfst du ihnen?

Die Vorderseite soll schön bunt werden.
Rechne die Aufgaben aus
und male die Flächen an.

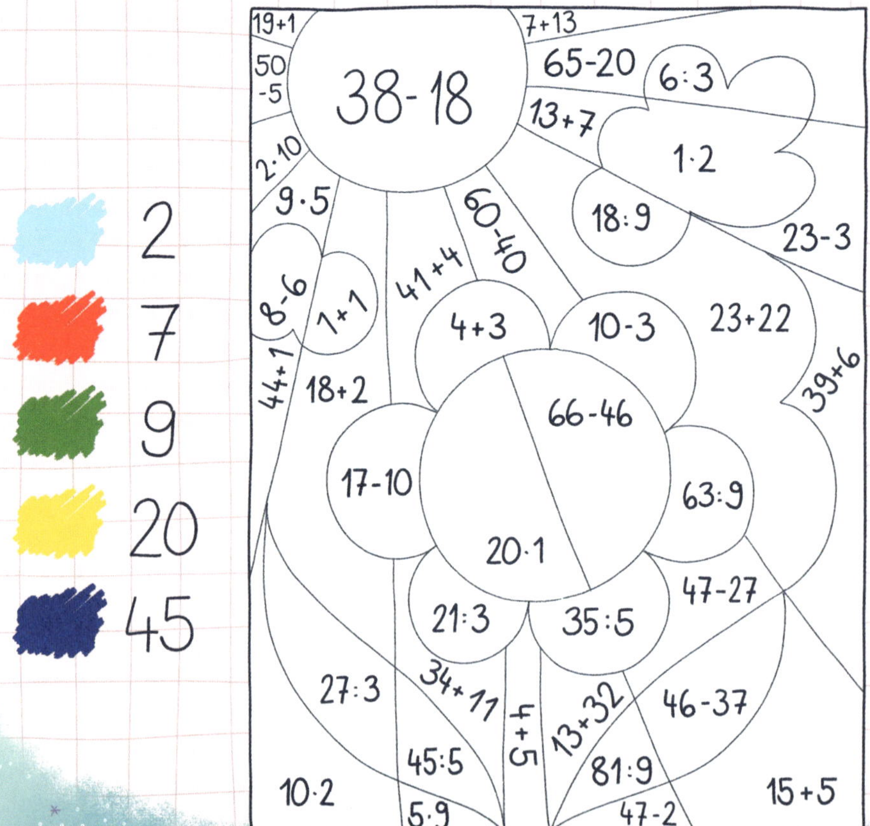

Das Fest ist am 6. Tag der Woche!

Auf der Rückseite ist Text verloren gegangen. Fülle die Lücken.

Einladung zum Gartenfest

Wir laden dich herzlich ein.

Wann: am nächsten

____

um __ : __ Uhr

Wo: Amselweg __

2 · (

)

Wir freuen uns auf dich!

Wie waren die Aufgaben in diesem Kapitel für dich? Male dem Kaneunchen ein Gesicht.

5. Das Gartenfest

„Was ist denn hier los?“,
ruft das Meerdreinchen verdutzt.

„Ich habe alles schön
und ordentlich gemacht!“,
erklärt das Kaneunchen.
Doch die anderen Mathematierchen
sehen nicht sehr froh aus.

„Wo sind all die leckeren Himbeeren?“,
ruft die Achtigall.
„Und warum sind 9 Blumen
in meinem Beet?“,
wundert sich das Meerdreinchen.

„Weil 9 ist doch die allerbeste Zahl“,
sagt das Kaneunchen.

„Aber 3 ist auch die allerbeste Zahl!“,
ruft das Meerdreinchen.
„8 auch!“, findet die Achtigall.

Die Wildzweine mögen natürlich
die ▢ am liebsten!

„Ich habe es doch nur gut gemeint“, sagt das Kaneunchen zerknirscht. „Du kannst aber nicht einfach unsere Beete ändern“, antwortet das Meerdreinchen.

„Was ist denn mit den schönen Beeten hier passiert?“, wundert sich Lotte. Das Kaneunchen erschrickt sich. Lotte hat recht! Eigentlich sahen die Beete vorher schöner aus.

„Ich räume alles wieder auf!“, verspricht das Kaneunchen.

	+3	−9	+8	−2
32				
70				
63				
45				

„Wir helfen dir!“, ruft das Pluspferd.
„Zusammen geht das viel schneller.“

Das Pluspferd zählt alle Zahlen auf, die es gut findet. Die anderen Mathematierchen müssen es stoppen! Sonst hört es niemals auf zu zählen. Aber ein paar Zahlen hat das Pluspferd vergessen. Hilfst du ihm? Trage sie ein.

Heute ist das große Einweihungsfest!
Die ganze Klasse, Herr Zahlbers,
Frau Mai, viele Freunde und Eltern
sind eingeladen.

Kara gießt noch einmal die Blumen.
Das Kaneunchen guckt,
ob in seinem Beet alles in Ordnung ist.

Welche Gießkanne gießt welche Blume? Verbinde sie miteinander.

Welche Zahlen fehlen in der Girlande? Trage sie ein.

Dann kommen schon die Gäste!

Herr Zahlbers hat einen Vorschlag:
„Der Garten wird ein Schul-Garten.
Wir können hier Unterricht machen.
Und alle Kinder können hier gärtnern.
Wenn ihr einverstanden seid.“

Jasin ruft sofort: „Ja!“
Auch die anderen sind natürlich einverstanden.

Hurra!
Du hast es geschafft!

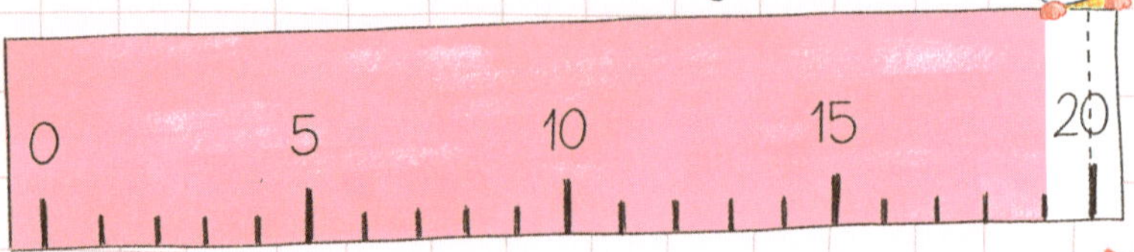

Mathe-magisch gesammelt!

Auf vielen Seiten im Buch
hast du solche Zahlen gesammelt:

Trage sie neben den Mathematierchen
in der Reihenfolge ein,
in der sie im Buch erscheinen.

Rechne die Aufgaben auf den Zetteln aus.
So erfährst du, welches Lieblingsgemüse
die Mathematierchen haben.
Verbinde die Mathematierchen
mit verschiedenen Farben
mit ihrem Lieblingsgemüse.

Wie waren die Aufgaben
in diesem Kapitel für dich?
Male dem Kaneunchen
ein Gesicht.

___ + 3

___ · 3 + 12

___ + 16

___ − 7

___ − 9

___ · 2

___ : 6

___ · 2

___ · 4 + 8

Alle Aufgaben gelöst?
Hier findest du die richtigen Antworten.

Kapitel 1

Seite 8: 6 12 18 24 30 36 42 48

Seite 11: 5 Ideen

Seite 12:

Seiten 14 bis 15:
Es gibt 6 verschiedene Blumen.

Kapitel 2

Seite 16:
Frau Sieben
Rathausplatz 9

Seiten 18 bis 19:
2 Wochen sind 14 Tage.
(2 · 7 = 14)

3 · 4 = 12
13 + 19 = 32
51 − 18 = 33

Seite 17:
Die Briefmarke kostet 85 Cent.
Jasin hat 3 Euro und 98 Cent dabei.
Er hat 3 Euro und 13 Cent übrig.
(98 − 85 = 13)

Der Briefkasten wird um 16 Uhr geleert.
Es ist 14:30 Uhr.
Der Brief wird heute noch abgeholt.

Der Käfer ganz rechts gefällt dem Meerdreinchen am besten. In seiner Lösung kommen gleich 2 3en vor.

Seite 20:

Seite 21:
Feli findet 11 Getränkedosen.

Seite 22:
Jeder bekommt 2 Muffins.

Für jede Seite können die Kinder 3 Bretter verwenden.
(12 : 4 = 3)

Seite 25:

Kapitel 3

Seite 26:

1·8= 8
2·8= 16
3·8= 24
4·8= 32
5·8= 40
6·8= 48
7·8= 56
8·8= 64
9·8= 72
10·8= 80

Seite 27:

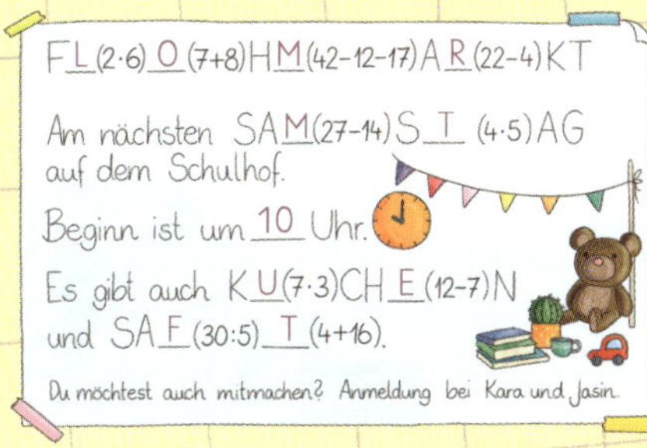
F L (2·6) O (7+8) H M (42−12−17) A R (22−4) KT

Am nächsten SA M (27−14) S T (4·5) AG
auf dem Schulhof.

Beginn ist um 10 Uhr.

Es gibt auch K U (7·3) CH E (12−7) N
und SA F (30:5) T (4+16).

Du möchtest auch mitmachen? Anmeldung bei Kara und Jasin.

Seite 28:
24 Leute wollen mitmachen.

Seite 29:
8 Tische werden gebraucht.

Seite 30:
Feli hat 13 Bücher dabei.

In 25 Minuten beginnt der Flohmarkt.

Seite 31:
Du brauchst 3 Striche.

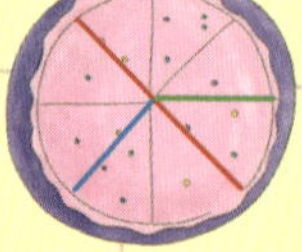

Seite 32:
Feli hat schon 10 Bücher verkauft.
(13 − 3 = 10)
Jedes Buch kostet 3 Euro.
Sie hat schon 30 Euro eingenommen.
(10 · 3 = 30)

Seite 33:
Lottes Spiel ist vollständig.

Mit 3 Euro ist Jasin einverstanden. (4 − 1 = 3)
Feli bekommt 7 Euro zurück. (10 − 3 = 7)

Kapitel 4

Seite 37:
Der Gutschein reicht für 5 blaue Blumen,
2 lila Blumen und 2 gelbe Blumen.

Lösungsweg:
Die Kinder kaufen 5 blaue Blumen.
Das kostet 20 Euro. (5 · 4 = 20)
Dann haben sie noch 10 Euro übrig. (30 − 20 = 10)
Sie können davon 2 lila Blumen kaufen. (2 · 3 = 6)
Dann reicht das Geld noch für 2 gelbe Blumen. (2 · 2 = 4)
Jetzt haben sie genau 30 Euro ausgegeben. (20 + 6 + 4 = 30)

Seite 38:
18 Salate (6 · 3 = 18)

Seite 39:
9 · 3 = 27
42 : 7 = 6
36 + 24 = 60

Seite 40:

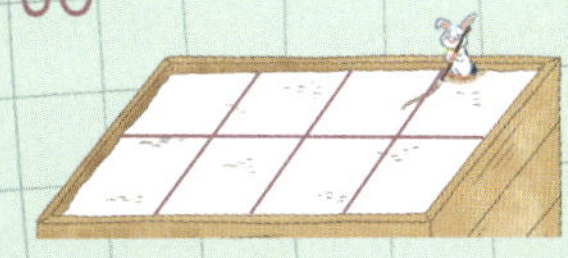

Seite 41:
Es sind 8 Mathematiertierchen.

Seite 42:

Seite 43:
3 · 3 = 9

Seite 45:
9 Himbeeren

Seite 46:

Seite 47:

Kapitel 5

Seite 49: Natürlich die 2!

Seite 51:

	+3	−9	+8	−2
32	35	23	40	30
70	73	61	78	68
63	66	54	71	61
45	48	36	53	43

Seiten 52 bis 53:

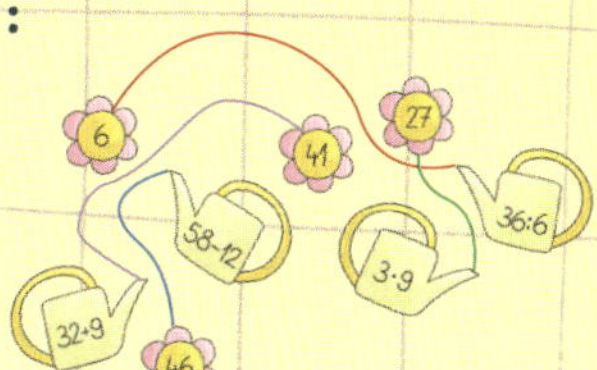

Seiten 54 bis 55:

Jasin

- mag Zahlen und Mathe nicht so gern
- backt sehr gerne Kuchen
- trödelt oft auf dem Heimweg

Kara

- malt sehr gerne und kann das richtig gut
- spielt Handball und Tischtennis
- ist ungeduldig

Lotte

- trägt immer 2 verschiedene Socken
- ist ein bisschen unordentlich
- mag Abenteuer

Herr Zahlbers

- der Mathe-Lehrer der Kinder
- seit er an der Schule ist, sind die Mathematierchen da